A collection of poem in three languanges

RINI VALENTINA

Cinta terkadang sulit diucapkan apalagi ketika hati lebih memilih menunggu dalam batas waktu tak tentu. Dan membiarkan kerinduan menjadi nuansa penuh warna warni bagai pelangi. Secuil Mimpi Tentangmu merupakan koleksi puisi pilihan Rini Valentina yang diterbitkan ke dalam tiga bahasa agar memudahkan pembaca memahami belajar bahasa melalui puisi.
Buku ini juga telah diterjemahkan oleh salah seatu penulis terbaik India, Williamsji Maveli ke dalam bahasa Malayalam yang berjudul DAYDREAM - ദിവാസ്വപ്നം.

El amor a veces es difícil de decir, especialmente cuando el corazón prefiere esperar indefinidamente. Y deje que el anhelo se convierta en una sensación colorida y parecida al arco iris. A Little Dream About You es una colección de poemas de Rini Valentina publicada en tres idiomas para facilitar a los lectores la comprensión del aprendizaje de idiomas a través de la poesía.
Este libro también ha sido traducido por uno de los mejores escritores de la India, Williamsji Maveli al malayalam titulado DAYDREAM - ദിവാസ്വപ്നം.

Love is sometimes difficult to say especially when the heart prefers to wait indefinitely. And let longing become a colorful, rainbow-like feel. A Little Dream About You is a collection of poems by Rini Valentina published in three languages to make

it easier for readers to understand language learning through poetry.
This book has also been translated by one of India's best writers, Williamsji Maveli into Malayalam entitled DAYDREAM - ദിവാസ്വപ്നം.

Prefacio

Gracias al Señor Jesús, una colección de libros de poesía seleccionados para un sueño puede animar el color de la poesía en el país en un libro en tres idiomas; Inglés, español e indonesio.

Gracias a los dos mejores editores de este libro, Williamsji Maveli, India y Elisa Ramírez, Puerto Rico. Y gracias a todos mis hermanos y hermanas, especialmente a mi hijo Valentinus Bimantara Gusti Wijaya, son muy buenos para apoyarme y muy muy especiales para mi mejor amiga Mina Ordaz, gracias por sus fotos para que la portada de este libro sea hermosa.

1. Quiero amarte

Quiero amarte cuando tus labios no sonríen para mí
Quiero amarte cuando tus ojos están en élla
Quiero amarte cuando mi anhelo es solo mío
Quiero amarte aunque no pueda tenerte!
Quiero amarte ...
Quiero estar aqui esperando tu amor
Esperando que tu deseo cambie por mí
Quiero estar aqui siempre
Esperar que mi sueño ya no sea una ilusión cuando se hornea solo!
Quiero estar siempre aquí ... esperando que me ames ...
Quiero amarte a pesar de que siempre tengo que esperar
Quiero que tus labios se vuelvan hacia mí y tu mirada me sonría
Quiero que tu corazón tenga mi corazón
Aunque tengo que aguantar solo todo el tiempo!
Quiero esperar ...
Quiero amarte
Quiero sentir tu amor
Quiero que tus dos brazos se abrazen deseándome
Quiero amarte
Quiero sentir tu amor como mi amor por ti ...
Samarinda East Kalimantan Indonesia, 30 de Septiembre de 2019 (18.43 pm)

I Want to Love You

I want to love you when your smile of lips not for me
I want to love you when your eyes are on her
I want to love you when my longing is only mine
I want to love you even though I can't have you!
I want to love you ....
I want to be here waiting for your love
Waiting for your longing to be mine
I want to be here always
Hoping my dream is no longer an illusion when baked me
lonely!
I want to be always here ... waiting for you to love me ....
I want to love you even though I have to always waiting you
I want your lips to turn to me and your gaze smile for me
I want your heart to have my heart
Even though I have to endure lonely all the time!
I want to wait ....
I want to love you
I want to feel your love
I want both of your arms to hug in longing for me
I want to love you !
I want to feel your love as my love for you ....
Samarinda East Kalimantan Indonesia, 30 September 2019
(18.43 pm)

Aku Ingin Mencintaimu

Aku ingin mencintaimu dikala bibirmu tersenyum bukan untukku

Aku ingin mencintaimu dikala tatapanmu untuk nya

Aku ingin mencintaimu dikala kerinduanku hanya milikku

Aku ingin mencintaimu sekalipun aku tak dapat memiliki mu !

Aku ingin mencintaimu ....

Aku ingin disini menunggu cintamu

Menunggu kerinduan mu berubah untukku

Aku ingin disini selalu

Berharap mimpiku bukan lagi ilusi dikala terpanggang sepi !

Aku ingin selalu disini .... menunggu mu mencintaiku ....

Aku ingin mencintaimu walau pun harus selalu menunggu

Aku ingin bibirmu berpaling kepada ku dan tatapanmu tersenyum untukku

Aku ingin hatimu memiliki hatiku

Walau pun aku harus menanggung sepi sepanjang waktu !

Aku mau menunggu ....

Aku ingin mencintaimu

Aku ingin merasakan cintamu

Aku ingin kedua lenganmu memeluk dalam rindu untukku

Aku ingin mencintaimu !

Aku ingin merasakan cintamu seperti cintaku untukku mu ....

Samarinda Kalimantan Timur Indonesia, 30 September 2019 (18.43 pm)

2. Primavera en la tierra de los sueños

Puse mi pie sobre el arroyo con agua limpia
Fresco y fresco para tocar mis pies descalzos
Respiro hondo
Conoce los pulmones
Eliminando la sensación de vacilación que ahora se aborda a menudo
¿Dónde estoy aquí ...?
A pequeñas libélulas jugando con agua corriente
Le pregunté a docenas de veces mientras le acariciaba sus alas clara
No puedo seguir estando aquí todo el tiempo
Jugando solo agua fría y fría
Olvidé y quiero olvidarme de un nombre
Un nombre que alguna vez fue tan hermoso llenó el palacio del alma ...
Tomo algunas mariposas que son divertidas chupando miel
A ellos les pregunté de nuevo
¿Dónde estoy?
¿Por qué mi corazón se siente feliz?
¿Por qué el dolor que ha estado acompañando ahora ya no existe?
¿A dónde fue todo?
Trago agua clara y fría
Ahora estoy al tanto
El nombre comenzó a desaparecer lentamente

Barridos agua que desemboca sé dónde ...
Lentamente, sin una ola de mano
Tu nombre desaparece ...
Podría ser que si el viento me llevó lejos de aquí el nombre no
vino de nuevo?
¿Podría ser?
¿O es esto solo un sueño?
Diviértete en un mundo tranquilo
Disfruta la primavera
Sin ti otra vez
Indonesia de Borneo, 28 de Septiembre 2018 (19.57pm)

Spring in a dream land

I stepped across the creek with clear water
Cold and cool touched my bare feet
I took a deep breath
Filling the lungs
Eliminating the hesitation that now often approaches me
Where am I ...?
To the little dragonflies playing on flowing water
I asked dozens of times while I stroked her clear wings
Can't I stay here all the time
Playing cool and cold water
Forgotten and I wanted to forget a name
A name that was once so beautiful filled the palace of my soul
I invited a couple of butterflies that were absorbed in sucking
honey

I asked again
Where am I ?
Why did my heart only feel happy?
Why is the pain that has accompanied me now no longer
exists?
Where were they ?
I touch clear and cold water
I realize now
A name that begin to disappear slowly
Carry by a stream of water that I don't know boils down to
Slowly without waving
Your name disappeared
Could it be that if the wind takes me away from here your
name doesn't come again?
Is it possible ?
Or is this just a dream?
Enjoy myself in a lonely world
Enjoy the spring
Without you anymore.
Borneo Indonesia, 28 September 2018 (19.57pm)

Musim semi di negeri mimpi

Kulangkahkan kaki menyeberangi sungai kecil dengan air
bening
Dingin dan sejuk menyentuh kaki ku yang telanjang
Kutarik nafas panjang
Memenuhi paru paru

Menghilangkan rasa bimbang yang kini sering menghampiri diri
Aku ada dimana ini ... ?
Kepada capung – capung kecil yang bermain main di atas air yang mengalir
Aku bertanya puluhan kali sambil kubelai sayapnya yang bening
Tidak bisakkah aku terus berada disini sepanjang waktu
Bermain hanya bermain air yang sejuk dan dingin
Lupa dan ingin kulupakan sebuah nama
Nama yang pernah begitu indah mengisi istana jiwa ....
Kuajak beberapa kupu – kupu yang asyik menghisap madu
Kepada mereka aku kembali bertanya
Aku dimana ?
Mengapa hatiku hanya merasa bahagia ?
Mengapa sakit yang selama ini menemani kini tak ada lagi ?
Kemana semuanya itu pergi ?
Kusibak air bening dan dingin
Aku sadar sekarang
Nama itu mulai menghilang perlahan
Terbawa arus air yang tidak kutahu bermuara dimana ...
Perlahan - lahan tanpa lambaian tangan
Namamu menghilang ....
Mungkinkah jika angin membawaku pergi dari sini namamu tak ikut lagi ?
Mungkinkah ?
Atau ini hanya mimpi ?

A collection of poem in three languanges

Menikmati sendiri di dunia sepi
Menikmati musim semi
Tanpa kamu lagi.
Borneo Indonesia, 28 September 2018 (19.57pm)

3. Canción del Corazón

Colgante cubierto

Poco a poco pasó adelgazando

Deja que el viento toque el cielo azul

Invita a una tormenta de polvo

Dañino para los ojos

Dejando que el corazón duela más

Mirando sus huellas

Quién fue siempre leal aquí?

Ahora dejando

Esculpe heridas en todas partes

Dejando líneas de palabras detrás

Lesionado

En espera de una oración sin alma

Quiero dibujarlo

Pero los dedos están indefensos.

Pero el cerebro está paralizado y no es amigable

Incluso los personajes se escaparon

Con un rastro barrido un palo

Algún día volverá?

Mirando al borde del cielo crepuscular ... otra vez

Seduciendo dedos ... otra vez

Enamorarse ... otra vez

Y mas ???

Samarinda East Kalimantan Indonesia, 24 de septiembre de 2019 (3.30 a.m.)

Heart's Song

The cloudy hanging on
Slowly passed thinning
Let the wind touch the blue sky
Invite a dust storm
Damaging to the eyes
Letting the heart hurt more
Staring at his tracks
Who was always staying here
Now has gone
Sculpt wounds everywhere
Leaving word lines behind
Injured
Awaiting a soulless sentence
Want to draw it
But the fingers are helpless
But the brain is paralyzed unfriendly to the pen
Even the letters ran away
With a trail swept up a stick
Will one day he comes again ....
Staring at the edge of the sky .... again
Seducing fingers ... again
Fall in love again
And again ???
Samarinda East Kalimantan Indonesia, 24 September 2019
(3.30 am)

Nyanyian Hati

Mendung menggantung
Perlahan berlalu menipis
Membiarkan angin mencumbu langit biru
Mengundang badai debu
Merusak mata
Membiarkan hati semakin terluka
Menatap jejak - jejaknya
Yang dulu selalu setia disini
Kini pergi
Memahat luka di mana - mana
Meninggalkan barisan kata
Terluka
Menanti rangkaian kalimat tak berjiwa
Ingin menggambarnya
Tetapi jemari tak berdaya
Tetapi otak lumpuh tak bersahabat pada pena
Bahkan aksara pun berlari pergi
Dengan jejak disapu lidi
Akankah satu hari nanti dia kembali
Menatap lazuardi .... lagi
Merayu jemari ... lagi
Jatuh cinta ..... lagi
Dan lagi ???
Samarinda Kalimantan Timur Indonesia, 24 September 2019 (
3.30 am)

4. Detrás de la lluvia mañana

Lluvia

Ya sabes que me estoy perdiendo

Tal anhelo

0Extraño su voz

Echo de menos su sonrisa

Extraño cuando dice su corazón

Extraño todo lo que hay en él

Lluvia

Esta mañana cuando mis ojos se despiertan de dormir anoche

También has sabido sobre los sabores que faltan

Perdido porque mi sueño se había ido por la luz del sol

Perdido porque mi sueño fue quitado por la luna

Perdido porque la estrella estrella lo prestó por un tiempo

Perdido porque el día se está haciendo tarde

Lluvia

Quiero que digas algo sobre mi corazón

Para él soy muy querido

Si hay algún deseo para ella allí

Si hay un amor que es embriagador

Si hay algo que siempre quiero cantar

Si alguien me hace querer escribir un millón de poemas

La lluvia ....

No te detengas

Acompáñame a soñar

Acompáñame siente que el anhelo no es infinito

Acompáñame a sentirme solo

Acompáñame a esperar su presencia otra vez
Acompáñame a verlo de nuevo esta noche ....
Borneo Indonesia 24 Juni 2018 (08.39 am)

Behind the window
Rain
You already knows I'm missing someone
A deep longing
I miss the sound
I miss his smile
I miss when he said his feeling
I miss everything all about him
Rain
This morning when my eyes woke up from sleep last night
You also knows about the missing taste
Lost because my dream vanished in the sunlight
Lost because my dream was taken away by the moon
Lost because the stars borrowed it for a while
Lost because the day is getting late
Rain
I want you to say something about my heart
For him who I love so much
If there is a miss for him there
If there are intoxicating affections
If there's something I want to always sing
If anyone makes me want to write millions of poems
Rain....
Don't stop
Accompany me to dream
Accompany me to feel longing without end

Accompany me feel lonely
Accompany me waiting for his presence again
Accompany me to meet him again tonight
Indonesian Borneo June 24, 2018 (08.39 AM)

Dibalik jendela

Hujan

Kau sudah tahu aku sedang rindu

Kerinduan yang begitu dalam

Aku rindu pada suaranya

Aku rindu pada senyumannya

Aku rindu ketika dia mengatakan hatinya

Aku rindu semua yang ada padanya

Hujan

Pagi ini ketika mataku terjaga dari tidur semalam

Kau juga sudah tahu tentang rasa yang hilang

Hilang karena mimpiku sirna disapu cahaya mentari

Hilang karena mimpiku dibawa pergi rembulan

Hilang karena bintang bintang meminjamnya sebentar

Hilang karena hari semakin siang

Hujan

Aku ingin kau katakan sesuatu tentang hatiku

Untuk dia yang sangat kusayang

Jika ada rindu untuknya disana

Jika ada sayang yang memabukkan

Jika ada yang ingin selalu kunyanyikan

Jika ada yang membuatku ingin menulis berjuta puisi

Hujan....
Janganlah berhenti
Temani aku bermimpi
Temani aku merasakan rindu tak bertepi
Temani aku merasakan sepi
Temani aku menunggu kehadirannya lagi
Temani aku menjumpainya lagi malam ini.........
Borneo indonesia 24 Juni 2018 (08.39 AM)

5. Septiembre

No soy bueno para hacerte sorprender

También soy un tonto por leer palabras sin letras

Me acabo de dar cuenta

Como despertar de un sueño

Tu amor es como ir y venir ...

Ahhhh

Solo soy bueno amando

Solo soy bueno para encadenar palabras anheloras que cortan el corazón

No necesito encontrar un maestro

Hablando de extrañarte ...

Septiembre de este año

Mis ojos se dieron cuenta

Amor es solo una palabra simple sin ningún significado

El amor es solo un complemento al sufrimiento cuando no hay un alma gemela

Debido a que la realidad todavía se siente, no pertenezco a nadie ...

Samarinda Kalimantan Timur Indonesia, 23 de Septiembre de 2019 (7.16 a.m.)

September

I'm not good to surprise you

I'm also a fool to read words without letters

I just realized

Like waking up from a dream
Your love is just like coming and going ...
Ahhhhh
I'm just good at loving you
I'm just good at stringing longing words that slice my heart
I don't need to find a teacher
To talk about the longing of you ....
September on this year
My eyes just realized
Love is only a simple word without any meaning
Love is only a complement to suffering when there is no partner of soul
Because the reality is I don't belong to anyone ......
Samarinda East Kalimantan Indonesia, 23 September 2019 (7.16am)

September

Aku tidak pandai membuatmu terkejut
Aku juga bodoh membaca kata tanpa huruf
Aku seperti baru menyadari
Seperti terbangun dari mimpi
Cintamu hanya kurasa bagai datang dan pergi...
Aaahhh
Aku hanya pandai mencintai
Aku hanya mahir merangkai kata rindu yang mengiris hati
Aku tak perlu mencari guru
Berbicara tentang rindu padamu ....

September tahun ini
Mataku baru menyadari
Cinta hanya sebatas kata sederhana tanpa maksud apa apa
Cinta hanya pelengkap derita dikala jiwa tak ada pasangannya
Karena realitas yang ada masih terasa aku bukan milik siapa
siapa ......
Samarinda Kalimantan Timur Indonesia, 23 September 2019 (
7.16am)

6. Poesía Sobre Solitario

Perdí mi esperanza ...

Te amo

Tienes

Alcanzar un sueño

Agarrando ilusiones

Atrás han quedado nuestras huellas barridas por el viento

No hay mas

Solo recuerdos en palabras

El hígado está cubierto de heridas.

Los ojos húmedos inundan las lágrimas

Yo solo

Mantente alejado de tu sombra de baile

Hay un deseo de quemar sueños

Lanza todas las ilusiones

Encerrate

Perdí todo sobre ti

Desaparecer con restos en el cerebro

Me voy

Mirando al sol

Desafiando la soledad!

Samarinda Kalimantan Oriental Indonesia, (00.03 am) medianoches

About a Lonely

Lost my hope ...

Love you

Have you
Pursue a dream
Gripping wishful thinking
Our tracks have gone sweeping by the wind
No more
Only memories in brain
The heart is covered in wounds
Wet eyes flood of tears
I'm alone
Stay away from your dancing shadow
There is a desire to burn the dreams
Throw all illusions
Shutting himself
All about you are lost
Vanish with traces left in the brain
I run away
Facing the sun
Challenging the loneliness!
Samarinda East Kalimantan Indonesia, (00.03 am)

Puisi Tentang Sepi

Hilang harapan ku...
Mencintaimu
Memilikimu
Meraih mimpi
Menggenggam angan

Lenyap sudah jejak kita disapu angin
Tak ada lagi
Hanya kenangan dalam kata
Hati dibalut luka
Mata basah banjir air mata
Aku sendiri
Menjauhi bayanganmu yang menari
Ada keinginan membakar mimpi
Melempar semua ilusi
Mengurung diri
Hilang semua tentang kamu
Lenyap dengan jejak tersisa di otak
Aku pergi
Menatap matahari
Menantang rasa sepi !
Samarinda Kalimantan Timur Indonesia, (00.03 am)
medianoches

7. Quejarse a Los Girasoles

No estas brillando

No tienes encanto en el alma que es enferma

No tienes sentido cuando estás herido

Y tu no eres jazmín

No eres tan pequeño como un loto que siempre florece en la mañana

Tampoco eres tan famoso como una rosa!

Pero te conviertes en su flor favorita

Pero siempre estás en su mente.

Pero tu eres el dueño de su corazón

Y tu gobiernas el mundo

Le das color tan hermoso como el sol

Tienes un nombre como la luna de noche

Estoy enamorado

Estaba fascinado

Dolor cuando el no dijo nada

Me dolió cuando hablé no hubo respuesta

Y yo

Quiero ir, no quiero molestarlo de nuevo!

Girasol

Tengo un sueño

Tengo sueños tan altos como la tierra

Tengo un sueño

Pero me siento cansado esperando

Quiero ir incluso si mi corazón es reacio a pararse y correr ...

Samarinda East Kalimantan Indonesia, 15 de Septiembre de 2019 (7,29 a.m.)

Chatting to Sunflower

You are not glowing
You have no charm in the hurts soul
You are meaningless when hurt
And you are not jasmine
You are not as small as a lotus that always blooms in the morning
You're also not as famous as a rose!
But you become his favorite flower
But you are always in his mind
But you are the master of his heart
And you rule the world
You give color as beautiful as the sun
You have a name like the moon at night
I fall in love
I was fascinated
I was hurt when he said nothing
I was hurt when I spoke there was no answer
And I
Want to go don't want to bother him again!
Sunflower
I have a dream
I have dreams as tall as the earth
I have a dream

But I feel tired waiting
I want to go even if my heart is reluctant to stand and run ...
Samarinda East Kalimantan Indonesia, 15 September 2019
(7.29 am)

Bunga Matahari

Engkau tak bercahaya
Engkau tak memiliki pesona di jiwa yang lara
Engkau tak bermakna ketika terluka
Dan engkau tak sewangi melati
Engkau tak sekecil teratai yang selalu mekar di pagi hari
Engkau juga tak setenar mawar !
Tetapi engkau menjadi bunga kesayangannya
Tetapi engkau selalu ada dalam pikirannya
Tetapi engkau menjadi tuan di hatinya
Dan engkau merajai dunia
Engkau berikan warna seindah matahari
Engkau punya nama seperti rembulan di malam hari
Aku jatuh cinta
Aku terpesona
Aku lara ketika dia diam saja
Aku terluka ketika aku bicara tak ada jawaban nya
Dan Aku
Ingin pergi tak mau mengganggunya lagi !
Bunga matahari
Aku punya mimpi
Aku punya mimpi setinggi bumi

Aku punya mimpi
Tetapi aku merasa lelah menanti
Aku ingin pergi walau hati enggan berdiri dan berlari ....
Samarinda Kalimantan Timur Indonesia, 15 September 2019 (
7.29 am)

8. Alma Perdida

Tu sombra
Pase
Perdido con el tiempo
Quiero buscar de nuevo
No sé dónde te escondes
Tal vez ha estado volando alto
Con santos
Siéntate al lado
En silencio
En espera de juicio
Ayer cuando llegó el atardecer
Me dices adiós
Solo di un minuto
En ese momento la lluvia no había parado
Todavía dejando puntos de agua en las nubes
Tal vez la lluvia se detendrá mañana por la mañana
Pero a ti no te importa
Quieres continuar
Incluso si digo no me dejes ahora
Quédate aquí conmigo para pasar la noche
Te has ido
Junto con el teléfono suenan unas horas más tarde
Me dejas así como así
Sin mensaje
Sin una sonrisa
Incluso sin esperanza

No sé cuándo nos volveremos a encontrar
O solo un sueño
Eso depende alto
Mientras estoy aquí
Borneo indonesio, 14 de septiembre de 2018 (22:34 p.m.)

Lost soul

Your shadow
Passed
Lost with time
I want to look again
I don't know where you are hiding
Maybe it's already flying high
With saints
Sit next to God
In silent
Awaiting trial
Yesterday when dusk arrived
You sais goodbye away from me
Just a minute, you said
At that time the rain did not stop
Still leaving water spots on the clouds
Maybe the rain would stop tomorrow morning
But you didn't care
You wanted to go anyway
Even though I told you not to leave me now
Stayed here with me to spend the night

You were lost
With a telephone rang a few hours later
You left me
Silently
No words
Even without hope
I don't know when we will meet again
Or just a dream
Only a dream
While I'm still here alone
Borneo Indonesia, 14 September 2018 (22.34pm)

Jiwa yang hilang

Bayanganmu
Berlalu
Hilang bersama waktu
Ingin kucari lagi
Entah dimana engkau bersembunyi
Mungkin sudah terbang tinggi
Bersama orang orang suci
Duduk disisi Tuhan
Dalam diam
Menanti pengadilan
Kemarin ketika senja tiba
Engkau pamit pergi dariku
Hanya sebentar katamu
Waktu itu hujan belum berhenti

Masih menyisakan titik - titik air di awan
Mungkin hujan akan berhenti esok pagi
Tapi engkau tak perduli
Kau ingin tetap pergi
Sekalipun sudah kukatakan jangan tinggalkan aku sekarang
Tetaplah disini bersamaku menghabiskan malam
Engkau sudah hilang
Bersama dering telepon beberapa jam kemudian
Kau pergi meninggalkan aku begitu saja
Tanpa pesan
Tanpa senyuman
Bahkan tanpa harapan
Entah kapan kita berjumpa lagi
Atau hanya mimpi
Yang tergantung tinggi
Sementara aku masih disini
Borneo Indonesia, 14 September 2018(22.34pm)

9. La Mirada de Intima

Cuando otros ojos olvidan cómo dar amor
Cuando otros abrazos no son felices, llena el crepúsculo
Y cuando el alma habla sin su oponente ...
Hay un par de pequeños ojos que dan infinitamente
Mirándome con adoración ....
Millones de sabores como un pequeño jazmín blanco
florecieron .
Hay un par de ojos que siempre me miran con millones de
amor
Llévame más alto que la galaxia de la Vía Láctea
Y dejé que mis dedos tallaran el cielo con una escritura
gigante ... ¡Estoy feliz ... muy feliz
Y pido con mis labios besar los pies de Dios en la noche sin un
sonido
Quiero ser su amigo
Quiero envejecer y morir en sus brazos cuando crezca ....
Samarinda East Kalimantan Indonesia, 07 de Septiembre de
2019 (4.25am)

Intimate Eyes

When the other eyes forget how to give happiness
When the other hugs unhappy fills the twilight
And when the soul speaks without its opponent in the night
....

There is a pair of small eyes that give endlessly
Admire me
A million of flavour like a small white jasmine blossomed ....
There is a pair of eyes always looking at me with millions of
love
Take me higher than the Milky Way galaxy
And I let my fingers carve up the sky with giant writing ... I'm
happy !!!
And I ask with my lips kissing God's feet in the night without a
sound
I want to be his friend
I want to grow old and die in his arms when he grows up then
Samarinda East Kalimantan Indonesia, 07 September 2019
(4.25am)

Tatapan Mesra

Ketika mata lain lupa bagaimana memberikan cinta
Ketika pelukan lain tak bahagia mengisi senja
Dan ketika jiwa berbicara tanpa lawannya ....
Ada sepasang mata kecil tak henti memberi
Mengagumi....
Berjuta rasa bagai melati melati putih kecil bersemi
Ada sepasang mata selalu memandangku dengan berjuta cinta
Membawaku terbang lebih tinggi dari galaksi Bima Sakti
Dan kubiarkan jemari memahat langit dengan tulisan raksasa
...aku bahagia !!!

Dan kuminta dengan bibir mencium kaki Tuhan di malam tanpa suara
Aku ingin menjadi temannya
Aku ingin tua dan mati dalam pelukannya ketika ia dewasa
Samarinda Kalimantan Timur Indonesia, 07 September 2019 (4.25am)

10. Chispas de Amor

Empecé con una sonrisa
No espero que correspondas y mucho menos adivines
Aunque a veces mis ojos no son buenos para decir lo que son
Y mis dedos son más estúpidos que los búhos que sueñan con
esconderse de la luz de la luna en un árbol de guayaba
Comencé a poner una nueva esperanza
Sobre el amor por ti.
Si al principio solo estaba jugando
Nunca quise tenerlo
Ahora mi corazón está cantando solo
Mi alma vaga por la imaginación
Soñando contigo aquí
Acostados juntos mirando la luna que se echó a perder en los
brazos de las estrellas.
Samarinda Kalimantan Indonesia, 3 de enero de 2020 (19.57
p.m)

Sparks of Love

I began to like you with a smile
I didn't expect you to answer it
Although sometimes my eyes were not better to talk the
truth
And my fingers were more stupid than owls who dreaming of
hiding from the moonlight in a guava tree
I began to put a new hope
About love for you.

If at first I was just playing around
Never wanted to have it
Now my heart is singing alone
My soul wanders through imagination
Dreaming of you here
Lying together staring at the moon that was spoiled in the
arms of the stars.
Samarinda Kalimantan Indonesia, 3 January 2020 (19.57 p.m)

Percikan Cinta

Aku memulai nya dengan sebatang senyuman
Tak kuharapkan engkau membalasnya apalagi mengira-ira
Walau terkadang mata ku tak pandai berkata apa adanya
Dan jemariku lebih bodoh dari burung hantu yang bermimpi
bersembunyi dari tatapan rembulan di atas pohon jambu
Aku mulai menaruh sebuah harapan baru
Tentang cinta kepada mu.
Jika awalnya aku hanya bermain-main saja
Tak pernah ingin memiliki nya
Kini hatiku bernyanyi-nyanyi sendiri
Jiwaku berkelana menembus imajinasi
Bermimpi engkau disini
Berbaring bersama menatap rembulan yang bergelanyut
manja dalam pelukan bintang.
Samarinda Kalimantan Indonesia, 3 Januari 2020 (19.57 p.m)

11. Acerca de ti

Acerca de ti

Todo sobre a ti

Dañando mi cerebro

Golpe emociones

Invitando a la ira oculta

Dar a luz a la venganza

Deje vagar la incredulidad

Me estoy desesperando

Empecé a rendirme y a cansarme

Ya no dejo que mi corazón se empañe

Al escuchar nuevas mentiras

Se convirtió en la manta de mi alma

Y con suerte

Puedo confiar en tu lengua

Aunque las dudas son solo seductoras

Aprenderé a confiar en ti

Samarinda East Kalimantan Indonesia, 06 de septiembre de 2019 (00.57 medianoche)

About you

About you

All about you

Damaging my brain

Blowing my emotions

Inviting the hidden anger

Give fighting to revenge

Let disbelief wander
I'm getting desperate
I begin to give up and get tired
I'm no longer let my heart tarnished
By hearing new lies
Become the blanket of my soul
And hopefully
I can trust your tongue
Although doubts are still seducing here
I will learn to trust you ......
Samarinda East Kalimantan Indonesia, 06 September 2019
(00.57 midnight)

Tentang Kamu

Tentangmu
Semua tentangmu
Merusak otakku
Menerbangkan emosi
Mengundang amarah tersembunyi
Melahirkan dendam
Membiarkan rasa tak percaya berkelana
Aku mulai putus asa
Aku mulai menyerah dan lelah
Tak lagi kubiarkan hatiku ternodai
Dengan mendengar kebohongan baru
Menjadi selimut jiwaku
Dan semoga saja

Aku boleh percaya pada lidahmu
Walau keraguan masih saja merayu
Aku akan belajar mempercayaimu......
Samarinda Kalimantan Timur Indonesia, 06 September 2019 (
00.57 tengah Malam)

12. Cascada .....

La canción del agua que cae golpea la tierra debido a la fuerza de la gravedad.

Toca la punta del tobillo

Obligar al corazón a ponerse de pie

Deshacerse de las piernas cansadas

Acercándose lentamente

Toca nuevas olas

Traje dormir en mis brazos

Olvidando el dolor de su cuerpo chocando contra las rocas.

Solo deja que millones de agua caigan a la tierra

Flujo dividir agua

Al río estrecho y cercano

Mirando al mar donde termina la escala

Di la palabra adios a las rocas

No sé cuándo nos volveremos a ver y nos saludaremos con amor ...

Samarinda East Kalimantan Indonesia, 03 de septiembre de 2019 (5.52)

Waterfall

The song of falling water down hits the earth because of the force of gravity

Touch the tip of the ankle lips

Forcing the heart to stand up

Getting rid of tired legs

Slowly approaching

Touching the new waves
I seduced him sleeping in my arms
Forgetting the pain of his body crashing against the bottom
rocks
Only let the millions of water fall down to the earth
Flowing to divide much water
To a narrow and close river
Staring at the sea where the end of the stopover
Say the word goodbye to the rocks under the water
I don't know when we will meet again and greet each other ...
with love ...
Samarinda East Kalimantan Indonesia, 03 September 2019
(5.52)

Air Terjun

Nyanyian air jatuh membentur bumi karena gaya gravitasi
Menyentuh ujung mata kaki
Memaksa hati tegak berdiri
Mengusir penat kaki
Perlahan mendekati
Menyentuh gelombang gelombang baru
Kuajak tidur dalam pelukanku
Melupakan sakit nya tubuh menerjang batu - batu
Hanya membiarkan jutaan air jatuh ke bumi
Mengalir membagi air
Ke sungai sempit dan merapat
Menatap laut tempat akhir persinggahan

Mengucapkan kata selamat tinggal pada bebatuan
Entah kapan berjumpa lagi dan saling menyapa dengan cinta
Samarinda Kalimantan Timur Indonesia, 03 September 2019 (
5.52)

13. Acacia Vieja ...

Puenteo el abismo de las heridas que figuran en las antiguas acacias

Acaricié cariñosamente

Susurro palabras que son ricas en amor

No estés triste en pena

No te sientas miserable

Estoy yo en espera

Esperando que pongas una herida en mi sonrisa intencionalmente por ti

Esperando tu disposición para escuchar mi seducción

Quiero estar contigo

Estaba buscando un pedazo de madera que fuera más grande que un viejo árbol de acacia que se estaba muriendo, indefenso

Si quieres

Te acompañé a raspar la herida por el acto de manos sin amor

Cortar el dolor sin cura

Incluso las mejores farmacias no saben cómo mezclar medicamentos para heridas en la corteza de acacia que comienza a encogerse y envejecer

Tal vez solo quedan algunos recuerdos

Sin nombre

Nadie sabe

¡Desapareció como si nunca hubiera existido!

Supongamos que el amor es más amable saludando al corazón humano

Si el amor no es solo para animales, mujeres y hombres
Tal vez la vieja acacia sea un recuerdo que extrañarás
Convertirse en una nota
Con hermosa escritura en las nubes
"Una vez vivió aquí una acacia que coloreó la tierra
Con hojas verdes riendo alegremente En un abrazo íntimo
Dale frescura al mundo "
Samarinda East Kalimantan, 30 de agosto de 2019 (06.33 a.m.)

Old acacia

I bridge the abyss of wounds listed in old acacia trees
I stroke affectionately
I whisper words that are rich of love
Don't be sad in sorrow
Don't feel miserable by yourself
I am standing on you quietly
Waiting for putting your wound into my smile intentionally for you
Waiting for your willingness to listen to my seduction
I want to be with you !
I was looking for a wood that was bigger than an old acacia tree, which was dying, helpless
If you want
I accompany you to scrape the wound because of the act of hands without love
Carve out hurt without any cure
Even the best pharmacies don't know how to mix wound

medicine on acacia bark that starts to wrinkle and age
Maybe it's just a few memories left
Without a name
No one knows
Disappear as if it never existed!
Suppose love is more friendly greetings the human heart
If love is not only for animals, women and men
Maybe old acacia will be a memory you will miss
Become a note
With beautiful writing on the clouds
"Once lived here an acacia that colored the earth
With green leaves laughing happily in an intimate hug
Give coolness to the world "
Samarinda East Kalimantan, 30 August 2019 (06.33 am)

Akasia tua

Kujembatani jurang luka yang tertera Di pepohonan akasia tua
Kubelai mesra
Kubisikkan kata kata yang kaya cinta
Jangan bersedih dalam duka
Jangan merasa sendiri merana
Ada aku yang siaga
Menanti kau benamkan luka dalam senyumanku yang sengaja
untuk mu
Menunggu kerelaanmu mendengarkan rayuan ku
Aku ingin bersama mu !

Kucari sebatang kayu lebih besar dari pohon akasia tua yang
sekarat tak berdaya
Jika mau
Kutemani kamu mengikis luka karena perbuatan tangan tanpa
cinta
Mengukir sakit hati tanpa ada obatnya
Bahkan apotik terbaik tak tahu bagaimana meracik obat luka
di kulit kayu akasia yang mulai mengeriput dan menua
Mungkin sebentar lagi tinggal kenangan yang tersisa
Tanpa nama
Tak dikenal siapa - siapa
Hilang seolah - olah tak pernah ada !
Seandainya cinta lebih ramah lagi menyapa hati manusia
Seandainya cinta tidak melulu untuk hewan, wanita dan pria
Mungkin kah akasia tua akan menjadi kenangan yang akan di
rindukan
Menjadi sebuah catatan
Dengan tulisan indah diatas awan
" Pernah tinggal disini sebatang akasia yang mewarnai bumi
Dengan daun - daun hijau tertawa bahagia Dalam pelukan
mesra
Memberikan kesejukan pada dunia "
Samarinda Kalimantan Timur, 30 Agustus 2019 (06.33 am)

14. El eco

El sonido de mi anhelo golpeó la pared del corazón.
Recuperarse
Muy mal
Solo yo entiendo
Muy mal
Solo en esta pequeña habitación me escuché
Los gemidos fallan
Suspiros de amor que até fuertemente
Los susurros quieren ser entendidos
Coquetea para ser entendido con el corazón
Si el amor que tengo no es una sensación
Se trata de un sabor que nunca fue planeado
Pero ahora reverbera maravillosamente cuando solo mira por
la noche en una habitación estrecha acompañada de su
sombra
Ahora comienza a sentir ese eco
Haciendo el amor a mi anhelo
Reemplace la figura real que sigue siendo un sueño.
Solo el tiempo sabe
Cuándo mi anhelo ya no hará eco cuando esté solo?
Cuándo mi anhelo se convirtió en una historia tan dulce como
la telenovela ...
Samarinda East Kalimantan Indonesia, 28 de agosto de 2019
(9.42 a.m.)

Echo

The sound of my longing hit the wall of my heart
Bounce back
Very bad
Only I understand it
Very bad
Only in this cramped room I hear myself
Groans the longing
Sighs of love bounded tightly
Whispers want to be understood
Flirt to be understood with the heart
If the love that I have isn't a sensation
It's about a feeling that was never planned
But now it reverberates beautifully when loneliness staring at
night in a cramped room accompanied by his shadow
Now it's starting to feel that echoing
Making love with my longing
Replace the real figure that is still a dream
Only time knows
When will my longing no longer echo when Im lonely
When do my longing turn into a story as sweet as telenovela
Samarinda East Kalimantan Indonesia, 28 August 2019
(9.42am)

Gaung

Suara rinduku memukul dinding hati
Memantul kembali

Sayang sekali
Hanya aku yang mengerti
Sayang sekali
Hanya di kamar sempit ini kudengar sendiri
Rintihan rindu
Desahan cinta yang rapat kuikat
Bisikan ingin dipahami
Rayuan untuk dimengerti dengan hati
Jika cinta yang kumiliki bukan sensasi
Ini tentang rasa yang tak pernah menjadi rencana
Tetapi kini bergaung indah tatkala sendiri menatap malam di
kamar sempit ditemani bayangannya
Kini mulai terasa gaung itu mencumbu
Bercinta dengan rinduku
Menggantikan sosok nyata yang masih berupa mimpi
Hanya waktu yang tahu
Kapan rinduku bukan lagi gaung dikala sepi
Kapan kerinduan ku berubah menjadi cerita semanis
telenovela....
Samarinda Kalimantan Timur Indonesia, 28 Agustus 2019 (
9.42am)

15. Susuro sobre hierba seca

Susurré a la hierba seca en el campo
Acerca de esa palabra
Esto es para él
Lo extraño
Ahh ...
Él solo se rió
Burlarse de mí
Hay un insulto cruel
¿Debería tirar la voz?
Esto es solo una palabra sobre anhelo
Una palabra sobre el amor
No te burles de mí ... por favor ...
23.03.2018

My whispering to the hay

I whisper to the hay in the field
About the word
For her ....
I miss her in my lonely world
Oh .....
The hay only laughing
Mocking me
There was a cruel insult
Should I throw the word away ?
Its about a word

A word about love
Dont mock me .....please....
23.03.2018

Kuberbisik pada rumput kering

Kuberbisik pada rumput kering di padang
Tentang kata itu
Ini untuk dia
Aku merindukannya
Ahh ...
Dia hanya tertawa
Mengejek ku
Ada hinaan yang kejam
Haruskah kubuang kata itu ?
Ini hanya kata tentang rindu
Kata tentang cinta
Jangan mengejekku...tolonglah....
23.03.2018

16. Ola de amor

Abrazarte

Como dormir sobre carbones

Besarte

Como ser amigos con el sol

Acariciándote

Como jugar con el mes que apareció en la tarde

Honestamente digo querida

Me siento como perderme en el medio del océano

Con sinceridad expreso mis sentimientos

Cada vez estaba más complaciente en las filas de las olas que nunca gritaban

Instigate mi corazón para olvidarte

Huir con trazas de huellas cada vez más transparentes en la desesperación de la tarde

Si te lo ruego

Mi honestidad no debe ser juzgada

O lo valoras con labios despectivos y tus manos golpean mi alma

Solo quiero decir lo que es

Te amo

No es que sea libre sin sonrisas y seducción de personas que no conoces

El amor no es miel negra en un panal en un gran árbol en el bosque

El amor no significa vivir sin emoción y presión

El amor tampoco es una pieza de pan recubierto de

mantequilla y queso pedido
El amor es guerra
El amor es una forma de lucha contra el poder del corazón y
las emociones que están llenas de autoestima
Te amo
O mejor te adoro
Incluso a menudo olvido lo feliz que estoy solo
Dejé que tu amor amo
Tal vez estoy dispuesto a ser lo que quieras siempre y cuando
seas feliz y siempre te rías
Porque será un sueño que siempre estará en el alma ....
Borneo indonesio 08 de Agosto de 2018 (14.20pm)

The waves of love

Hug you
Like sleeping on coals
Kiss you
Like being friends with the sun
Caressing you
Like playing with the month that appeared in the afternoon
I say honestly my dear
I'm like getting lost in the middle of the ocean
With sincerity of love I convey my feelings
I was increasingly complacent in the ranks of the waves that
never cried out
Instigate my heart to forget you

Run away with traces of increasingly transparent in the
despair of the evening
If I beg you
My honesty is not to be judged
Or you value with sneering lips and your hands hit my soul
I just want to say what it is
I love you
Not that I am free without smiles and seduction of people you
don't know
Love is not black honey in a honeycomb in a large tree in the
forest
Love does not mean living without emotion and pressure
Love is also not a piece of butter-coated bread and ordered
cheese
Love is war
Love is a form of struggle against the power of the heart and
emotions that are full of self-esteem
I love you
Or rather I adore you
Even I often forget how happy when I am alone
I let your love to be a master
Maybe I'm willing to be what you like as long as you're happy
and always laugh
Because it will be a dream that is always in the soul ....
Indonesian Borneo August 08 2018 (14.20pm)

Gelombang cinta

Memeluk mu
Seperti tidur di atas bara api
Mencium mu
Seperti berteman dengan matahari
Membelai mu
Bagai bermain main dengan bulan yang terbit di waktu siang
Dengan jujur kukatakan sayang
Aku bagai tersesat di tengah lautan
Dengan ketulusan hati kusampaikan perasaan
Aku kian terlena di jajaran ombak yang tak henti berteriak
Menghasut hatiku untuk melupakan mu
Berlari menjauh dengan jejak jejak kian transparan di hina
senja yang datang
Bila aku memohon kepada mu
Kejujuranku ini bukan untuk di hakimi
Atau kau nilai dengan bibir mencibir dan tanganmu memukul
jiwaku
Aku hanya ingin berkata apa adanya
Aku mencintaimu
Bukan berarti aku bebas tanpa senyuman dan rayuan orang
yang tak kau kenal
Cinta bukan madu hitam di sarang lebah di atas pohon besar
di hutan
Cinta bukan berarti hidup tanpa emosi dan tekanan
Cinta juga juga bukan sepotong roti berlapis mentega dan keju
permesan

Cinta adalah peperangan
Cinta adalah bentuk perjuangan melawan kekuatan hati dan
emosi yang penuh harga diri
Aku mencintaimu
Atau tepatnya aku memujamu
Bahkan aku sering lupa bagaimana bahagia kala sendiri
Kubiarkan cintamu yang menguasai
Mungkin aku rela menjadi yang kau suka selama kau bahagia
dan selalu tertawa
Karena itu akan menjadi mimpi yang selalu ada di jiwa.........
Borneo Indonesia 08 Agustus 2018(14.20pm)

17. Arrepentimiento ...

Mis dedos ya no cantan sobre el anhelo

Mis dedos ya no se movían para llamarte

Mis dedos bloquean miles de palabras de amor sobre nosotros

Dejando que mi corazón sea miserable y miserable.

Mis ojos ya no quieren reír

Mis labios cerraron sus ojos fingiendo que no le gustaba

Mi cerebro está aburrido bailando alegremente

Dejando que mi vida se desplome en el dolor sin ojos.

Mis pasos se detuvieron solos

Mi alma está cansada de buscar

Dejo que los recuerdos de este amor bailen

Anhelo aplastado que grille.

Si solo el sol tuviera tolerancia

Quiero irme

Acompañarlo al cielo

No quiero estar solo con dolor.

Desearía no haber dejado que mi alma se durmiera

Todavía vivo en soledad con millones de viejos recuerdos.

Todavía estoy feliz viviendo con dolor

Todavía estoy felizmente ahogado en anhelo en su sombra.

Por qué tengo que enamorarme otra vez?

Por qué mi espíritu no pudo rechazar su presencia?

Para reemplazarlo en el cielo

Echa todas las sombras!

Samarinda Indonesia, 7 de agosto de 2019 (6.49 a.m.)

Regret

My fingers no longer sing about longing
My fingers no longer waved to call you
My fingers lock thousands of words of love about us
Let my heart be miserable.
My eyes don't want to laugh anymore
My lips closed his eyes pretending didn't know anything
My brain is tired of dancing happily
Letting my life slump in the grief without eyes
My steps stopped alone
My soul was tired of searching
I letted the memories of this love danced
Crunched up to miss the shackles
If only the sun had tolerance
I wanted to go
Accompanied him in heaven
I didn't want to be alone
I wish I hadn't let my soul fell asleep
I still live in loneliness with millions of old memories
I'm still happy living in pain
I'm still happily drowning in longing in his shadow.
Why do I have to fall in love again
Why my spirit could not refuse his presence
To replace him in heaven
Cast out all the shadow
Samarinda Indonesia, August 7, 2019 (6.49am)

Sesal

Jemariku tidak lagi bernyanyi tentang rindu
Jemariku tidak lagi melambai memanggilmu
Jemariku mengunci ribuan kata cinta tentang kita
Membiarkan hatiku nelangsa dan merana.
Mataku tak mau lagi tertawa
Bibirku memejamkan matanya berpura-pura tak suka
Otakku bosan menari bahagia
Membiarkan hidupku terpuruk dalam duka tak bermata.
Langkah ku terhenti sendiri
Jiwaku lelah mencari-cari
Kubiarkan kenangan cinta ini menari
Melumat habis rindu yang membelenggu.
Seandainya dulu matahari punya toleransi
Aku ingin pergi
Menemaninya menuju surga
Tak mau sendiri dengan rasa sakit hati.
Seandainya dulu tak kubiarkan jiwaku terlena
Aku masih tinggal dalam sepi dengan berjuta kenangan lama
Aku masih bahagia tinggal dalam derita
Aku masih bahagia tenggelam dalam rindu pada bayangannya.
Mengapa aku harus jatuh cinta lagi
Mengapa rohku tak kuasa menolak kehadirannya
Menggantikan dia yang di surga
Mengusir semua bayangannya !
Samarinda Indonesia, 07 Agustus 2019 (6.49am)

18. Silencio del Corazón

Toqué
Mis dedos fueron tocados por el sudor
Hay cansado
Muchos cansados
Cansado de andar a tientas
Las orejas ya no se encuentran
Una palabra de amor
No sé donde me estoy escondiendo ...
No más pies excitados
Mirando alrededor
Déjalo ir
Me fui solo
Disfruta el silencio.
Samarinda, 26 de noviembre de 2019 (20.02 pm)

Silence of the Heart

I touched
My fingers were touched by sweat
There was tired
Many tired
Tired of groping
Ears no longer meet
A word of love
I didn't know where I washiding
No more excited
Looked around

Letted it go
I left alone
Enjoyed the lonely
Samarinda, November 26, 2019 (20.02 pm)

Kesunyian Hati

Aku menyentuh
Jemariku tersentuh peluh
Ada lelah
Banyak lelah
Penat meraba - raba raga
Telinga tak lagi bersua
Sebuah kata cinta
Entah bersembunyi dimana..
Tak lagi kaki bersemangat lagi
Mencari - cari
Biarlah pergi
Kutinggal dalam sendiri
Menikmati sunyi.
Samarinda, 26 November 2019 (20.02 pm)

19. Una Gota de Agua Sobre las Hojas

Rocío frío
Abajo
Caer sobre las hojas
Humedecer la hoja verde
Bañando hierba seca
Flores refrescantes
Invitar a una risa
Expulsar la sensación de dolor
Solo riendo
Una gota de rocío cae sobre las hojas.
Como un espejo haciendo el amor con luz
Refleja una línea de pinturas misteriosas
Sobre los secretos del corazón
Escondiéndose
Que se avergüenza de admitir
Silencioso
Sin palabras
Pinta tu corazón.
Rocío frío sobre las hojas verdes
Acuna sueños
Invitando a volar alto
Inmerso en la ilusión
Almacenado en la puerta de la reunión del corazón
Déjalo así
Déjalo así

Hasta que los labios del alma no puedan almacenarlo
Deja que la lengua hable.
Una gota de rocío claro sobre las hojas.
Sumerge un sueño
Mantener secretos del corazón
Sobre el amor
Sobre el amor
El amor no es valiente
Escondido
Miedo de que el cielo azul sea testigo
Miedo de que la luna hable con las nubes ...
Samarinda, 25 de noviembre de 2019 (17.20 pm)

Cold dew

Down
Fall on the leaves
Moisten the green leaves
Bathing dry grass
Refresh the flowers
Invite a laugh
Expel the feeling of hurt
Just laugh.
A drop of clear dew falls on the leaves
Like a mirror making love with light
Reflect a line of mystery paintings
About the secret of the heart
Hiding
Which is ashamed to admit
Noiseless

Speechless
Paint conscience.
Cold dew on the green leaves
Cradles dreams
Inviting high-flying
Immersed in illusion
Stored in the door of the heart meeting
Leave it like this
Leave it like this
Until the soul's lips are unable to store it
Letting the tongue speak.
A drop of clear dew on the leaves
Immerse one dream
Keep secrets of the heart
About love
About love
Love is not gutsy
Hiding
Afraid of the blue sky being a witness
Afraid of the moon talking to the clouds ...
Samarinda, November 25, 2019 (17.20 pm)

Setetes Air Di Atas Daun

Dingin embun

Turun

Jatuh di atas daun

Membasahi hijau daun

Memandikan rumput kering

Menyegarkan bunga-bunga

Mengajak tertawa

Mengusir rasa terluka
Hanya tertawa.
Setetes embun bening jatuh di atas daun
Bagai cermin bercinta dengan cahaya
Memantulkan sebaris lukisan misteri
Tentang rahasia hati
Yang bersembunyi
Yang malu mengakui
Tak bersuara
Tak berkata-kata
Melukis kata hati.
Dingin embun di atas hijau daun
Membuai mimpi
Mengajak terbang tinggi
Terbenam dalam ilusi
Tersimpan di rapatnya pintu hati
Biarkan seperti ini
Biarkan seperti ini
Hingga bibir jiwa tak sanggup menyimpannya
Membiarkan lidah berkata-kata.
Setetes embun bening di atas daun
Membenamkan satu mimpi
Menyimpan rahasia hati
Tentang cinta
Tentang cinta
Cinta tak bernyali
Yang bersembunyi

Takut langit biru menjadi saksi
Takut rembulan berbicara hingga ke awan ....
Samarinda, 25 November 2019 (17.20 pm)

20. Luna Amarilla

Tu luz se atenúa lentamente
En la cancion de las nubes
Expresar tristeza
Cuidando la soledad
Sin lagrimas
Sin hablar
Sin coser una palabra.
Soledad
Como un amigo fiel
Dolor
Como el aire
Incapaz de expresar gusto
Incapaz de pintar poemas de amor
Solo quédate tranquilo disfruta de la herida.
Tu luz
Frótame
Tu soledad me persuade
Ahogarme
Cansado de poder
Incluso para abrir los ojos
Indefenso
La hoja de bambú está en tu poder de luz
Tortura
Desesperado
Disipar la ilusión

Déjame triste solo
El silencio se hunde.
Quiero irme
Olvidar el amor no tiene sentido
Quiero volar alto
Dejado solo en la tierra
Quiero sentarme solo
Predicó millones de penas
Disfruta las heridas.
Samarinda, Indonesia, 22 de noviembre de 2020 (9.25 a.m.)

Yellow Moon

Your light dims slowly
In the clouds song
Expressing the sadness
Caring out loneliness
Without tears
Without saying
Without sewing a word.
Lonely
Like a loyal friend
Pain
Like the air
Unable to express taste
Unable to paint love poems
Just stay enjoy the wound quietly.
Your light

Rub off on me
Your loneliness persuades me
Drown me
Tired of power
Even to open eyes
Helpless.
A bamboo razor blade in your light power
Torturing
Desperate
Dispel illusion
Let me sad lonely
Silence sinks.
I want to go
Forgetting love is meaningless
I want to fly higher
Leave the lonely earth
I want to sit alone
Preached millions of sorrows
Enjoy the wounds.
Samarinda Indonesia, November 22, 2020 (9.25am)

Rembulan Kuning

Cahayamu meredup pelan
Dalam lagu awan mendung
Mengungkapkan kesedihan
Menggoreskan kesepian
Tanpa air mata

Tanpa berbicara
Tanpa menjahit kata.
Kesepian
Bagai kawan setia
Kepedihan
Bagai udara
Tak mampu mengungkapkan rasa
Tak sanggup melukis puisi cinta
Hanya diam saja menikmati luka.
Cahaya mu itu
Menular padaku
Kesepian mu membujukku
Menenggelamkan aku
Lelah tak kuasa
Bahkan untuk membuka mata
Tak berdaya.
Siletan buluh bambu dalam kuasa cahayamu
Menyiksa
Merejam asa
Mengusir ilusi
Membiarkan aku sedih sendiri
Diam tenggelam.
Aku ingin pergi
Melupakan cinta tak bermakna
Aku ingin terbang tinggi
Meninggalkan sepi di bumi
Aku ingin duduk sendiri

Dimangsa jutaan duka
Menikmati luka-luka.
Samarinda Indonesia, 22 November 2020 (9.25am)

21. Como Un Molino de Viento

Como el viento acaricia el molino
Violar su baile ... bailar ... y seguir bailando
Forzar no pare
Aunque cansado se vuelva
Al viento no le importa
Coquetear ... Coquetear ... ¡sin coquetear!
Como un molino de viento al borde de un río seco
Traté de entender tus sentimientos
Me obligué a entender lo que quieres
Y también forcé a los dedos a pintar cansados de palabras
Forcé a mi corazón a ponerse de pie desafiantemente cansado
No pierdas ...
No pierdas!
Si cansado
Sigue girando ... girando ... girando
Bailando en la dirección del viento
Y todavía deja que los dedos borden la palabra
Deje que todos los sentimientos se muevan voluntariamente.
Como un molino de viento al borde de un río seco
Me duele el corazón sin poder responder
Mi alma es torturada voluntariamente!
Por qué?
Por amor?
Es genial el encanto?
Samarinda, Indonesia, 19 de Noviembre de 2019 (9.05 a.m.)

Like a Windmill

Like the storm caresses the windmill
Rape her dance ... dance ... and keep dancing
Forcing to keep moving
Even though tired become a king
The storm doesn't care anything
Flirt ... Flirt ... without flirting!
Like a windmill on the edge of a dried rivera
I try to understand your feelings
I'm forced to understand what you want
And I also force my fingers to paint tiredness with words
I forced my heart to stand up defiantly
Dont lose nothing
Dont lose !
If tiredness becomes a king
Keep spinning ... turning ... spinning
Dancing in the direction of the wind
And still let the fingers embroider the words
Letting all feelings move willing.
Like a windmill on the edge of a dry rivers
My heart hurts without power to shout loudly
My soul is tortured willingly!
Because of what ?
Because of love ??
Is it because of an extraordinary love that I am helpless and
feeling nothing??

Samarinda Indonesia, November 19, 2019 (9.05am)

Seperti Kincir Angin

Seperti angin membelai kincir

Memperkosanya menari ...menari...dan terus menari

Memaksa jangan berhenti

Sekalipun lelah menjadi jadi

Angin tak perduli

Mencumbu...terus mencumbu... tanpa merayu !

Bagai kincir angin di tepi sungai yang mengering

Kucoba memahami rasamu

Kupaksa mengerti maumu

Dan kupaksa juga jemari melukis lelah dengan kata

Kupaksa hati tegar berdiri menantang lelah

Jangan kalah ...

Jangan kalah !

Jika lelah

Teruslah berputar ... berputar ... berputar

Menari mengikuti arah angin

Dan tetap membiarkan jemari menyulam kata

Membiarkan semua rasa berpindah dengan rela.

Seperti kincir angin ditepi sungai kering

Hatiku tersakiti tanpa daya membalasnya

Jiwaku tersiksa dengan rela !

Karena apa ?

Karena cinta ??

Sehebat itukah pesonanya ??

22. Es Amor Silencio

No tengo otras palabras para describir tu poema ...
No tengo otros dedos para describir la belleza de tu letra lírica
Solo pude susurrarle al viento que acarició la noche cuando
mis ojos despertaron
"Gracias ... tu hermosa belleza es como una canción"
Solo pude permanecer en silencio
Deja que el viento amortigüe el sabor
Sobre la belleza de los tulipanes animados
Me gusta ...
Gracias a la belleza del alma que está en silencio al final del
océano.
Me gusta ...
A nuestra amistad ...
Samarinda 13 de Noviembre de 2019 (3.10 a.m.)

There is Silent Love

I have no other words to describe your poem ...
I have no other fingers to describe the beauty of your lyrics
I'm only able to whisper to the wind that caressed the night
when my eyes woke up
"Thank you ..... your beautiful poem is like a song"
I'm only able to keep my lips silently
I let the wind keep a love dimly
About the beauty of animate tulips
I love it...
Thanks to the beauty of the soul that is silent at the end of the

ocean
I only love it....
To our friendships ...
Samarinda, November 13, 2019 (3.10am)

Ada Cinta yang Diam

Aku tidak punya kata kata lain untuk menggambarkan
puisimu...
Aku tidak punya jemari lain untuk melukiskan keindahan lirik
lirikmu
Aku hanya mampu berbisik pada angin yang mencumbu
malam ketika mataku terjaga
"Terima kasih.....keindahan lirikmu bagai lagu "
Aku hanya mampu diam membisu
Membiarkan angin meredam sebuah rasa
Tentang keindahan tulip yang bernyawa
Aku suka ...
Terima kasih pada keindahan jiwa yang diam diujung
samudera
Aku suka ....
Pada persahabatan kita .....
Samarinda, 13 November 2019 (3.10am)

23. Una Historia

El crepusculo aún no se ha ido
Aun aqui
Abrazando el dolor
Acariciar se retrasa
Solo siente más heridas abiertas
Duele
Mi anhelo es como la punta de una aguja
Mi anhelo como un grito en medio de la jungla
Estoy indefenso
El crepúsculo pronto cambió de noche
Invita a la luna y las estrellas
Haciéndome más enfermo y herido
Porque caricias solitarias que violan el alma
Me marchité de nuevo
Como girasoles abrazados por espinas de bambú
Como los girasoles dolorosamente apedreados
Indefenso
Flotando en el vacío
La noche fue cojeando expulsado mañana
Seduciendo al sol
Riego feroz de miles de girasoles
Se marchita lentamente
Amarillento triste pronto decaerá
Toca los extremos de la tierra
Esperanza perdida con anhelo en las sombras
Corazones sin poder alcanzar los sueños

Los corazones están perdiendo la esperanza y se preparan
para partir ...
Samarinda, 13 de Noviembre de 2019 (7.00 a.m.)

A story

Dusk hasn't left yet
Still here
Hugging pain
Making love is delayed
It only feels more open wounds
Sick
My longing is like a needle's biting tip
My longing like a scream in the middle of the jungle
I'm helpless
Twilight soon changed night
Inviting the moon and stars
Making me more sick and hurt
Because lonely caresses that rape the soul
I wilted again
Like sunflowers hugged by bamboo thorns
Like sunflowers painfully stoned
Helpless
Floating in a vacuum
Night went limping expelled morning
Seducing the sun
Upright fierce watering thousands of sunflowers
Slowly wither

Yellowing sad will soon decay
Touch the ends of the earth
Loss of hope with longing in the shadows
Powerless heart reaches dreams
Heart is losing hope and preparing to leave
Samarinda, November 13, 2019 (7.00am)

Sebuah Cerita

Senja belum pergi
Masih disini
Memeluk nyeri
Mencumbu bahagia yang ditunda
Hanya terasa luka semakin terbuka
Sakit
Kerinduanku bagai ujung jarum yang menggigit
Kerinduanku bagai teriakan di tengah hutan rimba
Aku tak berdaya
Senja segera berganti malam
Mengundang rembulan dan para bintang
Membuatku semakin sakit dan terluka
Karena cumbuan sepi yang memperkosa jiwa
Aku kembali layu
Bagai bunga matahari dipeluk duri bambu
Bagai bunga matahari direjam pilu
Tak berdaya
Melayang di ruang hampa

Malam pergi tertatih diusir pagi
Merayu matahari
Tegak garang menyiram ribuan bunga matahari
Perlahan layu
Menguning sedih akan segera luruh
Menyentuh ujung bumi
Kehilangan harapan dengan kerinduan dalam bayangan
Hati tak berdaya meraih mimpi
Hati kehilangan harapan dan bersiap pergi .....
Samarinda, 13 November 2019 (7.00am)

24. El tambor de la cancion extranaba mis dedos

Mis dedos están llorando de corazón escribiendo un poema para ti

Mis ojos se rieron mal, me di cuenta de que no podía ver tu sombra bailando

Me marchité como flores en la estación seca de este mes.

Fui aplastada y destruida por tu sonrisa eterna de pie mirando mis debilidades

Morí en un cuerpo animado, no pude decir nada.

Cuando las noches caminan solas como piratas deambulan por la jungla.

Sigo llorando en silencio

Mis dedos llorosos gritaron para llamar su nombre

Mi alma se agrieta en varias piezas de color en tu nombre, golpeando el hermoso arco iris al atardecer

Extraño tu cara, que se suele imaginar en las nubes bajo los pies.

Extraño ... realmente extraño tu ira cuando estás conmigo

Escribí mi anhelo que atormentaba mis ojos buscando tu sombra entre mis diez dedos.

Canto los gemidos de luciérnagas por la tarde.

Y soñé con buscarte entre los granos de grava en el cielo azul.

Pero finalmente me di cuenta de que si todo esto hubiera sido en vano porque no tenías oídos.

Borneo Indonesia, 6 de Noviembre de 2018 (02.35 a.m.)

The Drum of Longing Song On My Fingers

My fingers cried to write a poem for you
My eyes laughed painfully to realize that your shadow danced
I was peal just like a flower in dry season
I was completely shattered by your smile who was standing
eternally to watch my weakness
I died in animate body couldn't say nothing
When the nights run lonely like a pirate roam to the jungle
I cried silently
My fingers tearfully called out her name
My soul was crack into several pieces of colors of your name
beat the rainbow at the dusk
I missed your face which was used shade on the clouds under
my feet
I missed you ...I really missed your anger when you were with
me
I wrote my longing that tormented my eyes looking for your
shadow among my ten fingers
I sang the moans of the fireflies in the day
And I dreamed looking for you among the grains of gravel in
the blue sky
But finally I realized that all of these had been vain because
you had no ears.
Borneo Indonesia, November 06, 2018 (02 .35am)

Genderang lagu rindu di jemariku

Jemariku menangis pilu menulis puisi untukmu
Mataku tertawa sakit menyadari tak dapat melihat bayangan
mu yang menari - nari
Aku layu seperti bunga di musim kemarau bulan ini
Aku remuk di hancurkan senyuman mu yang abadi berdiri
menatap kelemahan-kelemahan ku
Aku mati dalam tubuh bernyawa tak kuasa berkata apa apa.
Ketika malam - malam berjalan sendirian seperti perompak
berkelana di hutan rimba
Aku masih menangis tanpa suara
Jemariku penuh air mata memanggil manggil namanya
Jiwaku retak menjadi beberapa kepingan dengan warna warna
nama mu mengalahkan indah nya pelangi senja hari
Aku rindu dengan wajah mu yang terbiasa membayang di
awan-awan di bawah kaki.
Aku rindu ...sungguh aku merindukan amarah mu ketika kau
bersama ku
Kutulis kerinduanku yang menyiksa mataku mencari
bayanganmu diantara kesepuluh jemariku
Ku nyanyikan rintihan kunang kunang di siang hari
Dan aku bermimpi mencari mu diantara butiran butiran kerikil
di langit biru
Tetapi akhirnya aku sadari jika semua ini sudah sia - sia saja
karena engkau sudah tak bertelinga.
Borneo Indonesia, November 6, 2018 (02.35am)

25. El corazon del poeta

Detrás de una dulce sonrisa y ojos felices.
Hay un corazón roto
Hay pena oculta sin sonido
Hay lágrimas sin lágrimas.
En el agarre de unos dedos temblorosos, como indefensos
Una pluma de baile crea lentamente una línea de frases de
amor.
Dibujar con palabras sobre el anhelo sofocante
Pintar con tinta sobre el amor perdido.
Detrás de su amigable sonrisa y risa
El poeta solo cree en dedos y tinta
El poeta solo se quejó sin sonido ni ritmo
Sobre decepcionado!
Fragmentos de un corazón roto
A veces daño a las lágrimas.
Destruyendo la sonrisa del poeta que ahora seguía mirando
una cara en las nubes
Ha perdido
Samarinda East Kalimantan Indonesia, 27 de Octubre de 2019

The poet's heart fragment

Behind a sweet smile and happy eyes
There is a broken heart
There is hidden sorrow without sound
There are tears without tears.
In the grip of a trembling fingers as if helpless

A dancing pen slowly creates a line of love sentences
Drawing with words about stifling longing
Painting with ink about lost love.
Behind his friendly smile and laughter
The poet only believes in fingers and ink
The poet only complained without sound and rhythm
About disappointed!
Fragments of injured heart
Sometimes damage to tears
Destroying the smile of the poet who was now still staring at a face in the clouds
He has lost ...
Samarinda East Kalimantan Indonesia, October 27, 2019

Serpihan hati sang penyair

Dibalik senyuman manis dan tatapan mata bahagia
Ada hati yang terluka
Ada duka tersembunyi tanpa suara
Ada tangis tanpa derai air mata.
Dalam genggaman jemari yang bergetar seakan tak berdaya
Sebuah pena menari perlahan menciptakan barisan kalimat cinta
Menggambar dengan kata tentang kerinduan yang menyesakkan dada
Melukis dengan tinta tentang cinta yang sirna.
Dibalik senyuman dan tawa ramahnya
Sang penyair hanya percaya pada jemari dan tinta

Sang penyair hanya mengadu tanpa suara dan irama
Tentang kecewa !
Serpihan - serpihan hati yang terluka
Terkadang merusak butiran air mata
Menghancurkan senyuman penyair yang kini diam menatap
seraut wajah di awan
Dia telah kehilangan ....
Samarinda Kalimantan Timur Indonesia, 27 Oktober 2019

26. Eco del Corazón

Nunca te he encerrado en una jaula plateada
Nunca te forcé a tenerme
No quiero que tus ojos solo se centren en mí.
Solo quiero que entiendas
Solo quiero que entiendas
¡El amor nunca quiere cambiar nada en algo que no quieres!
Samarinda, 29 de octubre de 2019 (16.16pm)

Heart echo

I've never locked you in a silver cage
I never forced you to have me
I don't want your eyes to only focus on me.
I just want you to understand
I just want you to understand
Love never wants to change anything into something you
don't want!
Samarinda, October 29, 2019 (16.16pm)

Gema Hati

Aku tidak pernah mengurung mu dalam sangkar perak
Aku tidak pernah memaksamu memiliki aku
Aku tidak mau matamu hanya fokus padaku.
Aku hanya mau kau memahami
Aku hanya mau kau mengerti
Cinta tidak pernah ingin mengubah apapun menjadi sesuatu
yang kamu tidak ingini !

A collection of poem in three languanges

Samarinda, 29 Oktober 2019 (16.16pm)

27. En el Cielo Azul

En mi cielo azul
Hay pinturas de amor sin sentido
Y en el lado positivo del sol
Hay una sombra tuya que extraño en silencio
A veces escondiéndose en las nubes por vergüenza
Asusta los dedos de escribir poesía
Bloqueo de lengua oculta
Miedo a decir amor
Horrorizado, sentimientos expresados
Miedo si lo rechazas.
En mi cielo azul
A veces veo tu nombre bailando solemnemente
A veces escucho tu voz dulce seducir
Es tu cancion para mi
O simplemente la soledad está carcomiendo tu alma
Hasta que me quedé dormido por un tiempo
Enamórate en solo una semana
Admira tu propia sombra de canto
Buscando miles de corazones
Entonces te duele sin preocuparte!
Samarinda East Kalimantan Indonesia, 21 de Octubre de 2019
(8.58 a.m.)

In the blue sky

In my blue sky
There are paintings of love without meaning

And on the bright side of the sun
There's a shadow of you that I miss in silence
Sometimes hiding in clouds because of shame
Scary the fingers of writing poetry
Locking hidden tongue
Fear of saying love
Horrified, expressed feelings
Afraid if you reject it.
In my blue sky
Sometimes I see your name dancing solemnly
Sometimes I hear your voice sweet seduce
Is your song for me
Or only loneliness is eating away at your soul
Until I fell asleep for a while
Fall in love in just a week
Admire your own self-singing shadow
Looking for thousands of hearts
Then you hurt without caring!
Samarinda East Kalimantan Indonesia, October 21, 2019
(8.58am)

Di Langit Yang Biru

Di langit ku yang biru
Ada lukisan cinta tanpa makna
Dan di sisi matahari yang terang
Ada bayanganmu yang ku rindu dalam diam
Terkadang bersembunyi di tutupi awan karena malu

Menakuti jemari menulis puisi
Mengunci lidah yang bersembunyi
Takut mengatakan cinta
Ngeri mengungkapkan rasa
Takut jika engkau menolaknya.
Di langit ku yang biru
Terkadang ku lihat namamu menari syahdu
Terkadang kudengar suaramu merdu merayu
Apakah lagumu itu untukku
Atau hanya rasa kesepian yang menggerogoti jiwamu
Hingga aku terlena sementara waktu
Jatuh cinta hanya dalam seminggu
Mengagumi bayanganmu yang bernyanyi sendiri
Mencari ribuan hati
Lalu kau sakiti tanpa perduli !
Samarinda Kalimantan Timur Indonesia, 21 Oktober 2019 (
8.58am)

28. Desapareció ...

Cuando el cielo travieso te esconde de mi vista
Y cuando llueve te arrojo de mi mano
Me detuve incapaz de encadenar palabras
Estaba sin palabras
Solo una lágrima asomaba silenciosamente
Y el sollozos pasó en silencio.
Se convierte en un rastro de un corazón roto en un secreto
bien guardado
Estas perdido
Samarinda East Kalimantan Indonesia, 19 de octubre de 2019
(5.16 a.m.)

Lost

When the naughty sky hides you from my sight
And when it rains throw you out of my hand
I was silent unable to string words
I was speechless
Only a tear peeked silently
And the crying passed quietly
Becomes a trace of a broken heart in a tightly grasped secret
You are lost
Samarinda East Kalimantan Indonesia, 19 October 2019
(5.16am)

Hilang

Ketika langit nakal menyembunyikan mu dari pandanganku
Dan ketika hujan membuangmu dari genggamanku
Aku terdiam tak mampu merangkai kata
Aku membisu tak sanggup berkata-kata
Hanya setitik air mata mengintip tanpa suara
Dan sedu sedan berlalu diam-diam
Menjadi jejak hati yang terluka dalam jalinan rahasia yang tergenggam
Engkau hilang
Samarinda Kalimantan Timur Indonesia, 19 Oktober 2019 (5.16am)

29. Solo

Pienso en ti
Cuando el reloj marca doce veces
Pienso en ti
Cuando el mundo está demasiado ocupado con el sonido de
los fuegos artificiales.
Pienso en ti .....
Recuerdo tu deseo
Cuando la hora ha cambiado a medianoche esta noche
Te recuerdo
Cuando el sonido de tus melodías dulces favoritas se suaviza
Te recuerdo ...
Entonces ahora, cuando es medianoche, es tranquilo ser un
amigo de corazón
Solo respiro hondo
Dejo que el sabor recorra todos los poros
Dejo que la soledad se sienta
Me di cuenta de que estaba solo
Cuando el reloj suena como una canción melodiosa en medio
de la noche
Me di cuenta
Realmente estoy solo
Ya no hay tu sombra que siempre acompaña
Realmente estoy solo
1 de Enero de 2020 (00.44 a.m.)

Alone

I thought about you
When the clock ticks twelve times
I thought about you
When the world is too busy with the sound of fireworks
I thought about you.....
I remembered your wish
When the time has changed at midnight tonight
I remember you
When the sound of your sweet melodious song mellow
I remember you.....
Then now when it's midnight quiet to be a friend at heart
I just take a deep breath
I let the taste run through all the pores
I let the loneliness feel self
I realized I was alone
When the clock sounds like a melodious song in the middle of
the night
I realized
I'm really alone
There is no longer your shadow that always accompanies
I'm really alone
Samarinda, January 1, 2020 (00.44 am)

Sendiri

Aku memikirkan mu
Ketika jarum jam berdetak dua belas kali

Aku memikirkan mu
Ketika dunia terlalu sibuk dengan suara kembang api
Aku memikirkan mu.....
Aku ingat keinginanmu
Ketika waktu telah berganti tengah malam ini
Aku ingat kamu
Ketika suara lagu merdu kesayanganmu mengalun pilu
Aku ingat kamu.....
Lalu kini ketika tengah malam sepi menjadi teman di hati
Aku hanya menarik nafas dalam dalam
Kubiarkan rasa lara menjalari seluruh pori pori
Kubiarkan rasa sepi mencumbu diri
Kusadari aku sudah sendiri
Ketika suara jam bagai lagu merdu di tengah malam ini
Aku sadari
Aku benar benar sudah sendiri
Tidak ada lagi bayangan mu yang selalu menemani
Aku benar benar telah sendiri...
1 Januari 2020 (00.44 am)

30. Corazón roto

Como un caballo sin patas
Como un estanque de peces perdidos
Como un cielo azul sin nubes
Como el sol sin luna
Como una noche sin dia
Como luciérnagas sin noche
Yo ....
Te perdi
El amor ya no se puede tener
Mi anhelo es alto en el cielo
Mi sueño se desvaneció por una tormenta
Estoy sentado en la playa
Solo
Solitario
Tengo ganas de morir
Yo ....
Solo recordandote
Imaginando sombras en mi imaginación
Pintar con palabras sin pincel y lienzo.
Abrazarte en el alma
Acariciándote con ilusiones en el horizonte
Hasta que mi fatiga se lastime
Yo ....
Tratando de contener las lágrimas
Incluso si el dolor de perderte rompió mi corazón
A pesar de que miles de agujas perforaron sin piedad

Yo
No te arrepientas de conocerte ...
Samarinda, Indonesia, 25 de Diciembre de 2019 (9.13 a.m.)

Broken heart

Like a horse without legs
Like a fish lost pond
Like a blue sky without clouds
Like the sun without moon
Like a night without day
Like fireflies without night
I am
Lost you
Love can no longer be had
My longing is high in the sky
My dream foundered by a storm
I'm sitting on the beach
Alone
Quiet
I feel like dying
I am
Just remembering you
Imagining shadows in my imagination
Paint you with words without brush and canvas
Hug you in the soul
Fondling you with illusions on the horizon
Until my fatigue becomes injured

I am
Trying to hold back tears
Even though the pain of losing you has torn my heart
Even though thousands of needles pierced mercilessly
I am
I don't regret ever knowing you in my life
Samarinda Indonesia, December 25, 2019 (9.13 a.m)

Patah Hati

Seperti kuda tak punya kaki
Seperti ikan kehilangan kolam
Seperti langit biru tanpa awan
Seperti matahari tanpa rembulan
Seperti malam tanpa siang
Seperti kunang-kunang tanpa malam
Aku ....
Kehilangan mu
Cinta tak lagi dapat kumiliki
Kerinduanku jauh di langit yang tinggi
Mimpiku kandas diterjang badai
Aku teronggok di pantai
Sendiri
Sepi
Rasanya ingin mati
Aku ....
Hanya mengenang mu
Menghayalkan bayangan di imajinasiku

Melukis mu dengan kata tanpa kuas dan kanvas
Memeluk mu di jiwa
Mencumbu mu dengan ilusi di atas cakrawala
Hingga lelahku menjadi luka
Aku ....
Mencoba menahan air mata
Sekalipun sakit kehilangan mu telah merobek jantungku
Sekalipun ribuan jarum menghujam tanpa ampun
Aku
Tak menyesal pernah mengenalmu ....
Samarinda Indonesia, 25 Desember 2019 (9.13 a.m)

31. Pájaros de papel

Mis sueños son como tus sueños

Tiene alas

Volar alto

Volar en el espacio

Ver el mundo

Disfruta del sol y la luz de la luna

Sin obstrucciones y bloqueado

Y recogiendo estrellas

O siéntate en la cima de la montaña

Siente el viento frío susurro

Hundirse en el aire

En una vasta extensión de nubes.

Si esta satisfecho

Batiendo alas de nuevo

Rodeando los siete continentes.

Buscando un nombre

Encuentra la sombra

Me voy a casa si me encuentro

No lo dejaré desaparecer de nuevo.

Déjame guardarlo aquí

Dentro de este cofre

Y que sea eterno.

Nichos de relleno - nichos de corazón

Aunque hay otras alas que también quieren acompañar.

No me importa

Aunque se burlaron de mí.

Decir con los labios haciendo pucheros
¿Por qué solo se almacenan las sombras?
¿Por qué es sólo una sombra ...
Digo sin sonido
Mi amor no exige nada
Mi amor es feliz
Aunque sigo sin saber dónde estás.
Dejo que el pájaro de papel domine el cielo.
Buscando
Esperando
Su regreso
Tocar la tierra
Invito una sonrisa en mis labios
Que ahora está bloqueado
Porque aun te perdi
Porque los pájaros de papel todavía te están buscando.
Aún no he encontrado tu presencia.
Y siento cada vez más nostalgia
Cuando yo sepa
El viento susurró dulcemente.
Nunca me veras de nuevo
Porque te has ido de la tierra
Borneo Indonesia, 16 de Diciembre de 2018 (02.32 pm)

Paper of Birds

My dreams are like your dreams
Have wings

Flying high
Soar to the sky
See the world
Enjoy the sun and moonlight
Unobstructed and blocked
And picking stars
Or just sit quietly at the top of a mountain
Feel the whisper of cold wind
Immersed in the air
In a vast expanse of clouds
If satisfied
Back flapping wings
Around the seven continents
Look for a name
Found his shadow
I'll take you home if you meet
I will not let it disappear again
Let me keep it here
In this chest
And let it be eternal
Filling the recesses of the heart
Even though there are other wings want to also accompany
I do not care
Even though they mock me
Said with pouting lips
Why only shadows are stored
Why only shadows ...

A collection of poem in three languanges

I say without sound
My love doesn't demand anything
My love is happy
Even though I still don't know where you are
I let the paper bird rule the sky
Looking for
Waiting
His return
Touching the earth
Inviting a smile on my lips
Which is now locked
Because I still lost you
Because paper birds are still looking for you
Haven't found your whereabouts
And I feel increasingly homesick
When I found out
The wind whispered sweetly
You will never be able to meet again
Because you have left earth
Indonesian Borneo, December 16, 2018 (02.32 pm)

Burung Kertas'

Mimpiku seperti mimpi - mimpimu
Mempunyai sayap
Terbang tinggi
Melambung ke angkasa
Melihat dunia

Menikmati cahaya matahari dan rembulan
Tanpa terhalang dan terhadang
Dan memetik bintang
Atau duduk diam saja di puncak gunung
Merasakan bisikan angin dingin
Tenggelam di udara
Dalam hamparan awan yang luas
Jika puas
Kembali mengepakkan sayap
Mengelilingi tujuh benua
Mencari sebuah nama
Menemukan bayangannya
Akan kuajak pulang jika berjumpa
Tak akan kubiarkan hilang lagi
Biarlah kusimpan disini
Di dalamnya dada ini
Dan biarlah abadi
Mengisi relung - relung hati
Sekalipun ada sayap lain ingin juga menemani
Aku tak perduli
Sekalipun mereka mengejekku
Mengatakan dengan bibir mencibir
Mengapa hanya bayangan yang disimpan
Mengapa hanya bayangan...
Aku katakan tanpa suara
Cintaku tak menuntut apa - apa
Cintaku sudah bahagia

Walau pun aku masih tak tahu engkau dimana
Kubiarkan burung kertas menguasai angkasa
Mencari
Menunggu
Kedatangannya kembali
Menyentuh bumi
Mengundang senyum di bibirku
Yang kini terkunci
Karena aku masih kehilangan kamu
Karena burung kertas masih mencari mu
Belum menemukan keberadaan mu
Dan aku merasa semakin rindu
Ketika aku tahu
Angin berbisik merdu
Engkau tak akan mungkin kutemui lagi
Karena engkau telah pergi dari bumi
Borneo Indonesia, 16 Desember 2018 (02.32 pm)

32. Un pequeño sueño

Una vez te amé en mi experiencia
Una vez quise tenerte en mi aliento
Una vez soñé con tus brazos abrazando mi fatiga
Una vez quise ... susurrar tu corazón a un amigo por la noche.
Pero todo se fue
Cuando no se que lo quieres
Todo había pasado en la canción de lluvia
Y dejé ... la avalancha es un leve rastro.
Si en ese momento tu coraje me guiara
Si solo la luz en tus ojos calmara mi lengua con anhelo
Solo quiero que sepas
Te amo en tiempo indefinido ...
Samarinda, Indonesia, 21 de mayo de 2020 (2.53 a.m.)

A little dream

I once loved you in my silence
I once wanted to have you in my breath
I once dreamed of your arms holding me
I once wanted to ... hear your whispers
But everything was gone
When I didn't know you wanted it
All had passed in the song of rain
And I let ... the avalanche was a faint trace
If at that moment your courage guided me
If only the light in your eyes soothed my tongue in longing
I just wanted you to know

I loved you in indefinite time
Samarinda Indonesia, 21 May 2020 (2.53am)

Secuil mimpi

Aku pernah mencintaimu di keterdiaman ku
Aku pernah ingin memiliki mu di lorong nafasku
Aku pernah bermimpi kedua lengan mu memeluk rasa lelah ku
Aku pernah ingin .... bisikkan hatimu untuk teman dikala malam.
Tapi semua sudah pergi
Ketika aku tak tahu mau mu
Semua sudah berlalu dalam nyanyian hujan
Dan kubiarkan ...longsoran itu meninggal kan jejak yang samar.
Seandainya saat itu keberanian mu menuntunku
Jika saja cahaya matamu menenangkan lidah ku merangkai rindu
Aku hanya ingin engkau tahu
Aku mencintai mu dalam batas waktu tak tentu.......
Samarinda Indonesia, 21 Mei 2020 (2.53am)

33. Pasado

Ya no puedo tocar el pasado
Tira tu cara
Se hunde en pedazos
Unidos en migajas
Yo era solo una pequeña parte del pasado
Entre millones de arena
Hilnmerso en olas
Perdió
Solo
Samarinda, 17 de Mayo de 2020 (1.10 a.m.)

Past

I can no longer touch the past
Strip your face
Makes sinking in pieces
United in crumbs
I was only a small part of the past
Among millions of sand
Immersed in waves
Lost
Alone
Samarinda, May 17, 2020 (1.10 am)

Masa Lalu

Aku tidak bisa lagi menyentuh masa lalu
Menelanjangi wajahmu

Menghiba tenggelam dalam kepingan
Bersatu dalam remahan
Aku hanya sebagian kecil di masa lalu
Diantara jutaan pasir
Tenggelam dalam gelombang
Hilang
Sendirian
Samarinda, 17 Mei 2020 (1.10 am)

34. Canción de amor Canario

El sol todavía se esconde tímidamente
Escucha la canción de anhelo de los canarios en una vieja
rama de acacia
Un anhelo que siempre existió en sus sueños.
Anhelo que no termina

Dew intentó trotar para evitar la vergonzosa sonrisa del sol
que comenzó a aparecer.
Dejando caer gotas de agua debajo de las hojas de un viejo
árbol de acacia
Aguarda el anochecer
Ven a escuchar la canción de miss canary que siempre se llena
durante el día

Detrás de la melodiosa y seductora voz
Canarios ven el viejo mundo viviendo en un dilema
El mundo que llora amargamente por el ruido de la bala
cambia las canciones de nostalgia
Un mundo que está cansado de ver a las personas tragadas
con la ambición de olvidar a los demás.

Sol y canarios
Diferentes miradas y formas de expresar sentimientos en el
pecho en humanos
Esperando a que se den cuenta de una palabra muy simple

Paz con los matices del amor sin saber casta, idioma, color y quién es ...
Borneo Indonesia, 3 de marzo de 2019 (15:30 h)

Canary love song

The sun is still hiding shyly
Listening the longing song's canary on the branches of old acacia trees
The ancient longing song that has ever existed in his dreams
Longing that doesn't empty.

Dew trying to run away avoiding the shy smile of the sun that begin to appear
Dropping his water under the leaves of the old acacia tree
Waiting for the amazing dusk in the west patiently
Join listening to the song of canary that always fills up during the days.

By his sweet, rhythmic voice of seduction voices
Canary see the old world living in a dilemma in years
The world is crying sorrowfully because of the noisy bullets replacing longing songs
A world that is tired of seeing humans being swallowed up by ambitions to forget about others.
Sun and canary
Different forms and ways of expressing feelings in their chest to humans

Waiting for them to realize a very simple word ..... peace
Peace with the nuances of love without knowing caste,
language, color and who they are ....
Borneo Indonesia, March 3, 2019 (3.30 pm)

Lagu Cinta Burung Kenari

Matahari masih bersembunyi malu – malu
Mendengarkan lagu rindu burung kenari di ranting pohon
akasia tua
Kerinduan yang lama yang pernah ada dalam mimpi –
mimpinya
Kerinduan yang tak bermuara

Embun mencoba berlari kecil menghindari senyuman malu
matahari yang mulai menampakkan diri
Menjatuhkan tetes – tetes airnya di bawah dedaunan pohon
akasia tua
Menanti senja
Ikut mendengarkan lagu rindu kenari yang selalu mengisi siang
hari

Di balik suara nan merdu berirama merayu
Kenari melihat dunia yang lama tinggal dalam dilema
Dunia yang menangis pilu karena bising peluru mengganti lagu
lagu rindu
Dunia yang bosan melihat manusia ditelan ambisi hingga lupa
pada yang lainnya

Matahari dan kenari
Berbeda rupa dan cara mengungkapkan rasa di dada pada
manusia
Menunggu mereka menyadari satu kata yang sangat
sederhana
Damai dengan nuansa cinta tanpa mengenal kasta, bahasa,
warna dan siapa dia ....
Borneo Indonesia, 03 Maret 2019 (3.30 pm)

35. Ve como una nube

No más
No más dedos para ti
No más
Estos labios ya no sonríen mirando tu sombra
No más
Estos ojos ya no hablan del pasado
Como nubes
Deja que se vaya
Como nubes
Te dejo volar
Como nubes
Te dejo pasar
Como nubes
Ya no me interesa tenerte
Borneo Indonesio, 24 de enero de 2020 (23.57pm)

Go

No longer
No more my fingers for you
No longer
No longer are these lips smiling staring at your shadow
No longer
No longer are these eyes talking about the past
Like clouds
Let it go away
Like clouds

I let you flying higher
Like clouds
I let you
Like clouds
I'm no longer interested in having you
Borneo Indonesio, January 24, 2020 (23.57pm)

Pergilah seperti awan

Tidak lagi
Tidak lagi jemari ini untukmu
Tidak lagi
Tidak lagi bibir ini tersenyum menatap bayang mu
Tidak lagi
Tidak lagi mata ini berbicara tentang masa lalu
Seperti awan
Biarlah hilang
Seperti awan
Kubiarkan kau terbang
Seperti awan
Kubiarkan kau berlalu
Seperti awan
Aku tak lagi tertarik memiliki mu
Borneo Indonesio, 24 Januari 2020(23.57pm)

Biografi

Rini Valentina lahir pada tanggal 14 Mei 1971 di Weleri Jawa Tengah. Mulai menulis pada akhir tahun 2017. Sejak Mei 2018 hingga April 2020 telah menerbitkan beberapa buku puisi:

1. Poesia de Amor 3 Continentes (Deepublish, Jogjakarta Indonesia
1. Poesia de Amor 3 Continentes (Deepublish, Jogjakarta Indonesia
2. My Heart is in Poetry Dream of You (Amazon Kindle)
3. Whisper of Love (Amazon Kindle)
4. Promise of the Fingers (Amazon Kindle)
5. Mi Corazon en Poesia Sueno Contigo (Amazon Kindle)
6. Susurro de Amor y Suenos (Amazon Kindle)
7. Mi anhelo Bajo el Cielo Azul (Amazon Kindle)
8. A La Sombra del Amor (kolaborasi puisi) - Amazon-Chief editor
9. Antologi La Belleza Del Amor (Amazon)-Chief editor
10. Luna Escondida (Amazon Kindle)
11. Antologi internasional Love in Spring (Amazon)-Chief editor
12. Antologi Amor en Primavera (Amazon)-Chief editor
13. Bayangan Rembulan (Farha)

Rini juga aktif bergabung menulis puisi dalam antologi internasional :

1. A Spark of Hope 1 & 2
2. Break the Silence
3. Silence Lips Beating Heart
4. Safron Flavor Rock Candy
5. Just Love Me
6. Paginas Libres (e-book)
7. Salvemos a La Madre Tierra (e-book)

Terjemahan novel pertamanya dari buku How the Twins Grew Up, oleh Milutin Djurickovic akan segera diterbitkan di Indonesia dengan judul "Tentang si Kembar"

Puisinya menghiasi beberapa majalah digital internasional; OPA (India), Azahar (Spanyol) dan The Universul of Culturii (Romania)

Puisinya juga sering mendapatkan banyak penghargaan-penghargaan internasional dan termasuk menerima penghargaan tinggi sastra dari CONGRES MUNDIAL DE POETAS, ESCRITORES Y ARTISTAS DE URUBAMBA CUSCO-PERU.

DAFTAR ISI